JN437154

울 림

장형주 시집

을지출판공사

■ 서문

차가운 머리, 따뜻한 가슴으로 쓴 시
-장형주 시집 〈울림〉에 부쳐

윤 해 규
〈시인 · 을지출판공사 대표〉

장형주 시인은 충남 공주에서 출생하여 현재는 충남 보령에서 생활하고 있다. 교사, 교감, 장학사, 교장, 장학관을 역임한 후, 공주교육지원청 교육지원과장으로 재직하고 있는 그는 이 무잡(蕪雜)한 현실에서 몸과 마음과 정신에 너무 쉽게 굳은살이 박히지 않고 오로지 교육자로서 한길을 가고 있는 머리는 차갑고 가슴은 따뜻한 시인이다.

그동안 틈틈이 써 온 107편의 시 작품을 모아 시집으로 간행함에 나는 발행인으로서 인연을 따라 시집 첫머리에 이 글을 올리게 되어 기쁜 마음으로 한편 한편 시들을 대해 보니 그의 생각과 생활의 단편들이 굵고 탐스러운 함박눈이 내리는 정경의 영상이 떠오르면서 포근함이 나의 가슴을 적셔 온다.

시 '오뉴월'에서 "긴긴 해가/ 산등성이 휘돌아/ 뒷동산에/ 걸칠 때// 집에 둔/ 아들 딸/ 눈이 삼삼해// 이마의 땀줄기를/ 옷소매로 훔치며// 어미는/ 집을 향해/ 종종걸음 내

딛는다"에서는 존재에 대한 번민과 정에 대한 연민이 단아한 이미지 속에 생동감 있게 표출되어 있다.

그런가 하면 현실적인 이미지를 통해 부부간의 본질적인 것과 세상의 미물, 이웃들, 그리고 고향의 유년의 기억 속으로 파문처럼 끝없이 번져 나가기도 한다.

시 '아버지'에서 "가랑비에/ 옷 젖는 줄 모른다며/ 조그만 지출도 줄이시고/ 참나무 전대 구멍처럼/ 올곧고 고집스럽게/ 살아오신/ 아버지"라면서 그가 아버지의 본모습을 그대로 간직한 채 싱싱하게 꿈틀거리며 나타내고 있다.

우리가 그의 시를 통해서 발견할 수 있는 것은 장형주 시인만이 발견한 시대사회와 인간정신 생활정서이다. 글썽거리는 그의 정서는 우리에게 뜻하지 않은 마음의 포근함을 느끼게 해 주고 있다. 그는 한국적 혹은 민족적 생활 감성의 흐름을 피부로써 혹은 피로써 맞대고 비비고 숨 쉬면서 살아 있는 시어로 전개시키고 있다.

오뉴월
뙤약볕
겉보리 단 짊어지고
집에 가는 길

땀은
목 줄기 타고

보리꺼럭은
등줄기를 탄다

보리꺼럭이
가난의 질곡처럼
내 가슴을 찌르고

중천에 떠 있는
발가벗은 태양은
희망의 눈동자를 찌른다

-〈보리꺼럭〉 전문

문학과 정서를 과학 만능의 시대 속에 파묻어 버리고 퇴폐문화가 만연되어 가고 있는 시점에서도 그는 교육자로서 마지막 남은 시골의 땀냄새가 풍기는 서정시를 지키고 있으면서 목가적 향토성으로 자기 인생의 앞날을 내다보면서 자신을 다스리는 그의 서정성과 감성은 아주 존귀하다 할 것이며 모든 사람들의 귀감이 될 것이다.

하나밖에 없는 소중한 자신의 본디의 모습을 찾아보고, 고향의 흙냄새와 땀 냄새를 맡아보고 싶은 사람들에게 나는 장형주 시인의 이 시집 〈울림〉을 두고두고 읽고 감상해 보라고 꼭 권하는 바이다.

2011. 6. 1

■ 시작하면서

늘
토해 내고픈 응어리 때문에
가슴앓이를 하고 있었습니다.

그 가슴속 응어리가
구멍 뚫린 문구멍을 통해
빈집 안방에 서성이고 있을 때
갈바람에 울어 대는
문풍지의 노랫소리를 들을 수 있었습니다.

그 노래를 나도 부르고 싶었습니다.

볼품없는 내 작은 가슴속 노랫소리가
좁은 산골짜기를 지나
큰 울림의 메아리가 되어
산 정상으로 되돌아오길
소망해 봅니다.

2011년 5월

죽정동에서
장 형 주

차 례

제 2 부 풋마늘의 추억

제 3 부 울 아버지 소원

제 4 부 당신이기에

제 5 부 그것이 사랑이오

제 6 부 울 림

제 1 부

울 엄마의 주름살

새끼 송아지의
어미 찾는 음매 소리는
깊게 패인 골짜기를
휘돌아 내린다

포옹

두 팔로 안았다고
다 포옹은 아니지

따뜻한 가슴의
울림이 있고
정(情)이 이어지는
심장의 고동소리를 들으며
하나가 되는 것이
포옹이지

엄마의 사랑 담은
따스한 포옹은
죽은 아이를 살리는
기적도 낳는다지

수백만 번의 말보다
한 번의 따스한 포옹이
세상을 살맛나게 한다네 그려

울 엄마의 주름살

산비탈
돌멩이로 뼈 박힌 밭
극젱이로 갈아 만든
꼬불꼬불 이랑

새끼 뗀 어미 소가
세월의 멍에를 이고
한 많은 이랑 속을
굽이굽이 돌아갈 때

부리망 속
거친 숨소리와
침방울이
국수가닥 되어 흘러내리고

새끼 송아지의
어미 찾는 음매 소리는
깊게 패인 골짜기를
휘돌아 내린다

오뉴월

오뉴월 푸작나무 타듯
시간은 흐르고

긴긴 해가
산등성이 휘돌아
뒷동산에
걸칠 때

집에 둔
아들 딸
눈이 삼삼해

이마의 땀줄기를
옷소매로 훔치며

어미는
집을 향해
종종걸음 내딛는다

곱쌀미 밥 · 1

겉보리쌀
두 번 삶아
소쿠리에 넣어

여름철 더운 날씨
혹시 쉴까
시렁에
매달아 놓았다가

때 되어
한 사발 찬 물에
푹푹 말아
한 입 넣고

고추장 찍은 오이
볼퉁이 터지게 넣을 때

옆에서 지켜보는
울 엄마의
빙그레 웃음도
함께 먹었다

아궁이

짝 벌어진 아귀 입
열기의 블랙홀

단숨에
먹어치우는
한 바작 청솔가지

후다닥
후다닥
신음 소리 등에 지고

뜨겁게
달아오른
머리 푼 활화산을

빨개진
엄마의 품으로
끌어안는다

우린 알지 못하지

봄이면 어김없이
아름다움 이고 오는 봄꽃의 아픔을
우린 알지 못하지

긴 겨울 삭풍에 오돌오돌 떨며
꽃눈 감기 들라 마음 졸이며 지낸
그 세월을
우린 알지 못하지

봄이면 빠짐없이
싱그러움 지고 오는 신록의 아픔을
우린 알지 못하지

긴 겨울 선돌 바람에 벌벌 떨며
풍(風) 맞을라 가슴 졸이고 지낸
그 인고의 순간들을
우린 알지 못하지

그저
아름다움과 싱그러움은
철에 따라 오는 것만으로 알지

눈깔사탕

엄마가
사다 주신
눈깔사탕

누가 볼세라
눈 깜짝할 사이
꿀꺽

성미 급한
아비의 피를 닮아
목구멍에
멈추어 선
눈깔사탕

캑캑 컥컥
한바탕 소동이
벌어진 후

간신히
숨통이 트인
성미 급한
목구멍

긴기랍

여름철 배 내놓고
찬 곳에서 자고 난 후

살살
배가 아파
나뒹굴 때

물에 개어
한 숟가락

엄마가 준
쓰디쓴 긴기랍

입 벌려
처넣은 약물이
꾸역꾸역
토해 나올 때

내 어미의
속 타는 마음까지
흘러내렸다

열무김치

콩밭
사이사이에
무 씨앗 뿌려
콩 그늘에
자란 무

고추장과
엄마의 매운 손맛에
이리 채이고
저리 채이어

매콤달콤
버무려진
힘 빠진
열무김치

꽁보리밥과
어깨동무하여
긴 목구멍 터널을
참기름 발라
넘어간다

개똥참외

어머니 따라간 콩밭에서
한눈에 번쩍 띈
개똥참외

누가 볼까
풀잎 덮어 감추어 놓고
돌아오며
뒤돌아보고
또 뒤돌아보며 오던 날

그날 밤 꿈속에서도
노랗게 익어가는
개똥참외가 나타났었지

집에 올 때마다
친구한테 들킬까 봐
몰래 훔쳐 본
풀 덮인 개똥참외

목구멍에선 꿀꺽 꿀꺽
침 넘어가지만
아직도
푸릇한 개똥참외

오누이

텔레비전 속
손잡고 부르는
남매 노랫소리에

다정하게 들려오는
내 누이
형님의
목소리

울컥하고
흘러내리는
두 줄기 눈물 속에

아른거리는
내 누이
형님의
청초한 모습

보약

몸이 약해
비실비실

감기를 달고 다니는
아들 놈 위해
비싼 돈 들여가며
사다 달인 인삼

목구멍에 넘기려다
울 엄마 정성과
땀방울까지
토해 버렸다

흩어진 인삼뿌리에
울 엄마
넋도
조각이 났다

입학시험 날

중학교 입학시험 날

침묵은
아침 밥상 위로
흐르고

똥구멍 찢어질 것 같은
가난의 응어리와
못 먹어도 배워야 한다는
열망의 불덩어리가
뒤엉키고 있었다

식구들의
밥숟가락이
밥상 위를
넘나들 때

가정 형편도
왔다 갔다

배움의 욕망도
왔다 갔다

외할머니 산소

우금치
양지바른 곳에
편히 잠든
외할머니

아들 하나 얻지 못해
대 끊긴
그 죄로

한평생
지고 있던
피맺힌 한의 무덤

그 무덤
뒤로 하고
발길 못 떼는
엄마 가슴에

대못 박아
붙잡는
외할머니
영혼

건건이

어릴 적 밥상 위
짠지와
건건이 서너 개

입 짧은
아들놈의 밥투정 속엔
늘 건건이의 맛없음이
똬리 틀었지

그래
배불러 그렇지
먹기 싫으면 그만둬라
거지나 주게

나이 든 지금에야
내 마음 파고드는
어미의
가슴 저민
속내

그치지 않는 비는 없다

하늘이 구멍난 듯이 퍼붓는
장대비도
그치는 때가 있다

폭풍우가 몰아치는
바닷가 섬마을에도
따스한 햇볕이
구름을 비집고
쏘옥 고개 내밀 때가 있다

마누라 없인 살아도
장화 없이 못산다는
합덕 방죽 사람들도
지루한 장마 끝에
뽀얀 속살 드러내고
햇빛이 달려온다는 것을
누구 보다 먼저 알고 있다

짚신 파는 장수도
오는 비는 그칠 때가 있다는 것을
우산 장수와
우비 장수보다
더 먼저 알고 있다

조카 시집가는 날

광주
송정리

김가네
즉석 튀김 집

상추튀김 3000원
닭고기 튀김 5000원

오늘은
오후 2시 오픈

조카
시집가는 날

빠끔히 닫힌
문틈 사이로

오가는 이
환한 미소가

점심먹었다

할머니 젖

꽃봉오리처럼
탐스러웠던
젊은 날의
생명 주머니

줄줄이
꿰미에 꿰인
자식들의
자양분 창고

뭇 사람의
시선 꽂힌
사랑의 무덤

지금은

축 처진
공기 빠진
풍선

입영식장의 어머니

군대 입영식 날
연병장

작은 돌 하나라도
더 주우려고
바삐도 움직이시며
땀 흘리시는
어머니

두 눈에는
눈물이 주루룩
얼굴에는
땀방울이 뒤범벅

그래도 마음속엔
내 아들 훈련받을 때
돌부리에
상처 날라

조그만
돌 하나라도
더 주워 모으려는
어머니 마음

제 2 부

풋마늘의 추억

휑한 눈 사이로
스치는
아버지의
미소 띤 얼굴

갈대

산들바람에도
제 몸을
가누지 못하는 것은
속이 텅텅 빈
마디마디에
여자의 마음이
들어 있기 때문이다

모진 바람과
거친 바람에도
부러지지 않는 것은
속이 텅텅 빈
마디마디에
모성(母性)의 끈질김이
들어 있기 때문이다

갯벌의 터줏대감으로
꿋꿋하게 버티고 있는 것은
흔들리는
여자 마음속에
끈질긴 모성도
함께 살아
숨 쉬기 때문이다

콩서리

풋콩 몰래 따다
불 위에 올려놓고
군침 삼키며
기다리는 꼬맹이들

뜨거운 불 맛에
배터지는 콩깍지

속살 드러내며
나타난
노릿한 햇콩

뜨거운 손
후후 불며
엄마 말씀도 함께 먹었다

둘이 먹다
하나 죽어도 모른단다

개복숭아

매편덕 밭 귀퉁이에
홀로 선
개복숭아 나무

나무줄기마다
세월을 담아
봉퉁아리지고
패였지만

생명의
끈질김으로
만들어 낸
몽울진
개복숭아

볼품없는
모양새에
맛까지 없었지만

약이 된다고
밤에만 먹었던
벌레 먹은
개복숭아

삭정이

푸르던 잎
잘리어지고

모진 풍파 시달리며
달려 온 세월

푸른 희망
화려한 영화
뒤로한 채

사랑채 아궁이
불귀신 되어

부글부글
속 태우며

새 생명 위해
몸을 사른다

보리꺼럭

오뉴월
뙤약볕
겉보리 단 짊어지고
집에 가는 길

땀은
목 줄기 타고
보리꺼럭은
등줄기를 탄다

보리꺼럭이
가난의 질곡처럼
내 가슴을 찌르고

중천에 떠 있는
발가벗은 태양은
희망의 눈동자를 찌른다

고주박

생명을 다하고
덩그렇게
박혀 있는

비바람에 할퀴고
찢기어져
상처투성이
고주박

세상의 허물은
모두 벗어버리고
도끼로 난자되어
땔감으로
생을 마감하는

젊음을 다하고도
쓸 곳을 찾아
희생하는
닮고 싶은
고주박

선암사 구시

널따란
뱃속에
공양 가득 싣고

대중의
허기진 배
자비로 채워주고

선승(禪僧)과
강백(講佰)의 혼
가두어 둔 채

세월 베고
누운
선암사
구시

풋마늘의 추억

찬물로
배 채우고 가는
십 리 먼
하곳길

남의 밭
풋마늘로
허기 채운 벌이
가슴을 쥐어짤 때

회충은 죽었을껴

아버지의
그 말씀이
몽롱한 머리를
맴돌고

휑한 눈 사이로
스치는
아버지의
미소 띤 얼굴

폐교 · 1

인적 드문
황량한 폐교

화단의 꽃과 나무는
제멋에 겨워 자라고

페인트칠한 교실
헐벗어 늙어가고

부서진 창문틀은
솔바람의 길목

화장실의
벌어진 문틈으로
아이들의 흔적이 보이고

운동장의
부서진 체육기구 위에선
함성이 들려온다

푸작나무

나무 없는
헐벗은 산

어린 싹
생나무 한 짐

묘 마당에 펼쳐놓고
하루 두 번
손길 주어

아궁이에 불 지피면
후루룩
후루룩

이 순간을 위해
고통의 일상을 삼켰던
그
몸뚱어리를

오뉴월 푸작나무 타듯
마음 태운다

강태공의 꿈

월척의 꿈이
물안개처럼
피어오르고

가슴 가득
햇빛 받은
참붕어의
비늘처럼
반짝이는 소망

오도 가도 못하는
미늘에 꿰인
아가미에서

뚝뚝
떨어지는
강태공의
선홍색 피

담임 발표 · 1

초롱초롱 눈망울
1학년 1반
박순이 선생님
오! 와!
왁자지껄

2학년 1반
명쾌한 선생님
짝짝! 짝짝!
빙그레

교장 선생님의
담임 발표에

기대가 무너지는 소리
소망이 이루어지는 소리

샐쭉! 쌜쭉!
와! 와!

겨울나무

옷 벗기가
부끄러워
가을 내내

붉은 피까지
토하며
반항했던
네가

실오라기 하나
걸치지 않고
입마개로
아기 눈만 감춘 채

비렁뱅이
허기진 배 움켜쥐고
사시나무 떨듯
춤춘다

축구장 풍경 · 1

축구공이
푸른 잔디 위를
왔다 갔다

응원하는 관중들의 마음도
축구공 따라
왔다 갔다

상대편 골문에서
공이 놀면

와! 와!
큰 함성이
눈덩이 되어 뒹굴고

우리 편 골문에서
공이 놀면

아! 아!
가슴속 애간장이
숯덩이 되어 뒹군다

첫 출근

두려움 반
기쁨 반
승진 후
첫 출근

환한 미소의
따뜻한 마중

초롱초롱
아이들의
눈망울 속에

봄눈 녹듯
녹아버린
두려움 하나

시집온
새댁 얼굴도
덩달아
환해졌다

폐선 · 1

옛날의 영화
갯벌에 잠재우고

물도 없는 천수만의
둑 한 켠에

쓸쓸히 버려진
폐선

갈매기의 울음소리도
그친 지 오래이고

갯내음
새우젓의 비린내만을

여운처럼 담고 있는
홀로 선 폐선

초록(草綠)은 동색(同色)

초록(草綠)은 동색(同色)이라고
남들은 말하지
그러나 자세히 보면
같은 것 같지만
제각기 차이와 특색을 갖고 있는
동색이라네

칠갑산 골짜기를
신록이 돋아날 때
달려본 사람은 알지
초록은 동색이 아니고
제각기 자기의 색을 뽐내고 있다는 것을

산골짜기마다 어우러진
상수리나무 도토리나무의 잎은
모두 녹색이지만
짙고 옅음이
밝음과 어둠이 함께 산다네

가재는 게 편이 아니라
물속에 함께 사는 것처럼
초록도 함께 어우러져
동색을 만든다는 걸

제 3 부

울 아버지 소원

내 아들의 학자금
내 딸의 혼수비용
울 아버지 소원도
타고 있었다

아버지 · 1

가랑비에
옷 젖는 줄 모른다며
조그만 지출도 줄이시고
참나무 전대 구멍처럼
올곧고 고집스럽게
살아오신
아버지

건지산
산허리를
도끼자루 메고
헤집고 다니면서
멧돼지와도 겨루었다고
큰 소리 치셨던
아버지

며느리가 바가지 긁으면
너는 두엄 밭에서 꿩 주은 놈여
하시면서
당신 아들만 두둔하시고
며느리 다그치시는 데는
이골 나셨던
내 아버지

기다림

어스름하게 땅거미 질 때
힘에 겨운 머슴새
소모는 소리

쪄쪄쪄쪄
쪄쪄쪄쪄

저녁밥 해 놓고 눈 빠지게
아버지 기다리는
울 엄마 한숨 소리

후유후유
후유후유

허기진 배 움켜쥐고
고비동 고갯길을
쳐다보고
또 쳐다보고

방축골 논갈러 가신
울 아버지
쟁기 지고 소 몰며 언제 오시려나
내 목도 빠진다

새벽 등산길

밤이 일찍 깨운 새벽
찬이슬과
찬바람이
산비탈 등산로를 오른다

산새도
솔바람도
곤히 잠든 곳

젊음과 패기를
송두리째 벗어던진
곰삭은 노부부가
숨을 몰아쉰다

지나간 세월이
꼬불꼬불 등산로 길을 따라
움푹 패인 주름살 사이로
줄달음친다

아버지 · 2

당신 아들은
똥밖에 버릴 것이 없는 놈이고
당신의 손자 손녀는
너 봐라 먼 훗날 저 놈들이 효도할 겨
하시면서
당신 살붙이
털끝 하나 건드리지 못하게 하시었던

내 아버지

세월이 흐르면서
늦게 배우신 술
그것이 좋으셔서
주막에서 술 한 잔 걸치시면
유식한 체는 혼자 다 하시고

줄줄줄
오줌 줄기는 바짓가랑이를 적셔도
시 한 술
문자 한 구절로
지체를 세우셨던

내 아버지

울 아버지 소원

청솔가지
한 짐을
아궁이에 틀어넣고

새끼 난 어미 소
소여물 쑬 때

아궁이 밖으로
머리 풀어 오르는
매큼한 연기 속

내 아들의 학자금
내 딸의 혼수비용

울 아버지 소원도
타고 있었다

충혼탑 비가(忠魂塔 悲歌)

봉황산 끝자락 신사(神社) 터
대승사 마당에
홀홀히 서 있는 충혼탑

반공투사
항일투사
애국지사
순국선열의 혼이
맴돌고 있는 곳

세월의 흔적이 할퀴고 간
썩어 빠진 등컬에
벚꽃은
올해도 쉬지 않고
피어 있었다

순국선열의 영혼에
속죄하는
봄비와 함께

사랑채 부엌

청솔가지 연기가
불고개 넘어
구들장 밑을
달릴 때

소여물
끓는 소리
뿌욱뿌욱
부글부글

우리 아버지
목구멍으로
가래 넘어가는 소리
가르륵 가르륵

볏짚 가슴팍을
뜨거운 물로
목욕시키며

새빨간 열기와
희뿌연 수증기가
사랑채 부엌을 달군다

아버지 · 3

늘그막
어머니 먼저 보내신 후엔
사람이 그리워
대문에 늘 서성이었던
내 아버지

동네 아이들이라도 만나면
말 한마디라도 건네 보시려고
애쓰셨던
내 아버지

형마저 보내시고는
석탄 백탄 타는 데는 연기가 나는데
이내 마음 타는 데는 연기가 안날까
하시면서
늘
속내를 내놓지 않으셨던
내 아버지

먼
하늘나라에선
속내 드러내고
연기 나게 가슴 태우소서

등산로

어둠을 가르고
등에 진
새벽 찬바람

가슴엔
보이기 싫은
작은 소망

머리엔
일그러진
세월의 잔해

한 발
두 발
내딛는 걸음마다
매달린 희망

세월에 멍울 진
사람들이
거친 숨 몰아쉬며 오르는

꼬불꼬불
산비탈 등산로

바보가 된다는 것은

덜떨어졌다고
숙맥 같다고
남들한테 조롱받는
바보가 된다는 것은

그렇게 쉬운 일이 아니지

하물며
덜떨어지지 않은 사람이
바보가 된다는 것은
겪어보면 알겠지만

그렇게 쉬운 일은 아니지

한 가지 일에 미쳐
바보가 된다면
한 가지 깨달음은 얻는 법

바보가 된다는 것은
천재가 되는 것이지

아들 입대

입대 전
용기 있던 아들은
군대 갈 날짜 다가오자
마음이 약해지고

부대 입영식까지도
용기 있었던 아버지는
부모님은 돌아가시오
그 말 한마디에
마음이 약해져서

힐끔힐끔
두리번 두리번
목 빼고
돌아보건만
아들의 얼굴은
점점 멀어지고

아들 두고
돌아오는 발길에
눈물이 채이며
무거운 발걸음 뒤로
애간장이 녹는다

갈 길도 생각해라

어릴 적
소 꼴 베러 가서
남보다 많이 베어
욕심껏 짊어지고
도랑 건너다
넘어진 적 있었지

욕심만 그득하여
바소쿠리 하나 가득
꼴 베어 얹어 놓고
지고 갈 길은
생각도 안했었지

길은 먼지
길이 좁다란지
길은 울퉁불퉁한지
길에 도랑은 없는지

꼴 벨 때
조금만 더 생각했더라면
많은 꼴 베느라 힘 빼지 않고
도랑에 꼴짐을
처박진 않았을 걸

눈 오는 길

미끄럽고
쌀쌀한
눈 오는
길

차들도
날씨처럼
벌벌대는
길

달리는
버스 속
승객들
마음도

미끌미끌
버스처럼
좁은 길을
달린다

북소리

길고 짧음
깊고 낮음의
삶의 흔적을
두드림으로 녹여낸다

떨림과 공명의
아우성에
춤추는 영혼들이

깊고 깊은 심연(深淵) 속
태고(太古)의 울음을 안고

연못에 이는 파문처럼
가슴 향해 밀려온다

우린 끊임없는 우연에 살고 있다네

세상 사람들은
노력한 만큼 거두어들인다고
말을 하지

그렇기도 하지

봄에 씨 뿌리고
여름에 땀 흘린 농부가
가을에 많은 곡식을
거둔다는 것은
다 알고 있지

세상 사람들은
실패는 성공의 어머니라고 하지

그렇기도 하지

에디슨이
몇 백만 번의 실험을 통해
전구가 탄생했다는 것은
다 알고 있지

그렇기도 하지

삶과 성공은 필연적인 것 같지만
우연적인 일들의 연속일 수도 있다네 그려

우연적인 일이
필연이 될 수도 있다네 그려

삐에로의 눈물

삐에로는 늘 웃고 있습니다
분칠한 얼굴에 연지곤지 찍고
무대 위에서 늘 웃고 있습니다

뭇사람의 시선이
화살처럼 쏟아질 때
삐에로는 화살의 눈총을 맞으면서도
늘 웃고 있습니다

전생(前生)에서 얻은 웃음보를
꼽새짐으로 한 짐 지고
삐에로는 웃고 있습니다

분칠로 얼굴의 주근깨를 감추듯이
얼굴 아래 가슴속에는 눈물이 응어리 되어
고드랫돌 한 짐 넣고 있는 것을
아무도 모르고 있었습니다

무대에 가려진 삐에로의 눈물을
우린 볼 수 없었습니다

삐에로는 겉으론 웃지만
속으론 울고 있었습니다

제 4 부

당신이기에

당신의 눈빛이
부처님의 그윽한 눈빛이었고
당신 가슴속의 소망들이
부처님의 가슴속에도
똬리 틀고 있음을

그리움

보령화력발전소
폐기물 처리장
시커먼 잿더미 속

제 몸뚱이조차
가누지 못하고
기울어진 채

긴 한숨으로
세월을 토해 내는
폐선

세월의 상처를
배 안 가득 싣고

그윽했던
뱃고동 소리
먼 옛날의 향수를

깃발이 나부끼던 솟대 끝
갈매기에게
그리움으로 토해 내고 있다

만산홍엽(滿山紅葉)

젊은 날의
푸르름

도토리나무와
상수리나무 사이로
스치는 바람 소리

산골짜기
돌 틈 사이로
흘러내리는 노랫소리

숲 속
비둘기와 뻐꾸기의
울음소리까지

포근히
감싸 안았던
온 산이

질곡(桎梏)의
물을 마시고
피를 토한다

당신이기에 · 1

산등성이
내려오는 길

흔들어야 건강해진다는
그 말 한마디

솔 냄새 향기 취해
아빠 힘내세요
신나게 부르고 흔들 때

옆길 등산로
낯선 아저씨
빙그레 웃는 모습

철딱서니 없게
흔들어댄 모습이 부끄러웠던지

나 귀엽지
응

정말 그으럼

당신이기에

마지막 달력

한 장
두 장
찢겨진 세월이

마지막
종착역을 향해
줄달음친다

아장아장 걷던
세월의 걸음이
종종걸음으로
치닫으며

추위와
세찬 바람에 흐느끼는
빛바랜
12월 달력이
고개를 떨구고 있다

죽음의 벼랑을 향해

담임 발표 · 2

호기심 어린
눈빛 속에
희비가 오락가락

입이 귀에 걸려
함박꽃이 피어나고

번데기 주름잡아
갈매기 나는
내 아이들

내일을 기대하여라
오늘의 소망이 이루어지지 않더라도

그리고
내일의 기대가 무너지더라도
모레를 기다려라

너희들의
그 순수함만 가지고

아내의 소망

새 해 소망을 한 아름 안고
부처님 앞에 선
내 아내

작은 가슴에
더 넣을 수 없을 만큼
쌓아놓은 소망들을
부처님 앞에
하나씩 하나씩
풀어놓았다

아들의 대학 입시
남편의 건강
딸의 공부
집안의 평화
맨 나중에
당신의 건강까지

부처님의
넓고 자애로운 가슴속에
무릎이 닳도록 넣고 있는
보따리 속의
작은 소망

늦가을 목장

소 떼들의
풀 뜯는 소리에
쑥쑥 자란
풀

늦가을
갈바람에
고개 숙이고

풀 뜯던
소들도
외양간에
꼭꼭

풀밭의
한숨소리에
소 방울 소리만
들려온다

당신이기에 · 2

시장
세일 가게에서
비싸서 못 사 입던
와코루 속옷 사 온 후

입어보고
또 입어보고
이리 걷고 저리 걸으며

나
모델 같지 않아
응
제일 예쁜 모델이야

허리도 날씬하지
그으럼

히프라인은
죽인다 죽여

진짜

당신이기에

아내 생일

난
미역국
안 먹어도 괜찮아

난
생일 케익 없어도
돼

난
당신만
내 옆에 있어 주면
돼

아내의
그 말이
내 가슴에
못을 박는다

난
당신을
당신이 우리에게
준 사랑보다
더 많이 사랑하고 싶은데

부처가 된 아내

두 손에
소망을 가득 담고
무릎이 닳고 닳도록
소원을 빌고 있는
당신의 모습에서
난 보았소

당신의 눈빛이
부처님의 그윽한 눈빛이었고
당신 가슴속의 소망들이
부처님의 가슴속에도
똬리 틀고 있음을

당신이 앉아 있는
그 자리엔
부처님이 앉아 있었소

정상을 향해

문장대
정상을 향한 등산길
힘들고 숨이 차
헐떡이는 사람들

오르는 산길에
언덕이 있고
언덕 아래
내리막이 있어

오를 때의 어려움과
내려 올 때 기쁨이
함께하는 길

올라가면
내려오고
내려오면
또 올라가야 할
그 길

딸과 어미

장염으로
입원한
내 딸

얼굴빛은 노르스레
축 처진 마음이
병실을 헤맬 때

우리 딸 걱정되어
모든 일 팽개치고 내달음쳤다는
어미의 말 한마디에

우리 딸
장염과 감기가
뚝 떨어졌지

제 어미를 닮아서
저만 위해 달라는
그 속내는
어찌나
꼭 빼다 박았는지

민들레 사랑

노오란 민들레 꽃
향기가

내 아내의 사랑을 담아
남편의 가슴앓이를
녹이었다

출퇴근길
민들레 찾아 헤맸던
내 아내

그땐
왜 그렇게
귀했던 민들레가
언덕마다
노랗게 피어 있는지
모르겠단다

민들레야
예쁜 노랑꽃이 지닌
너의 희망을
내 아내에게도
전해 주렴

소(掃)

버려라
버리면 편할 것을
꼽새 짐으로
한 짐을 못 내려놓는 이유는 무엇인가

옳고 그른 것
고개를 끄덕이고
끄덕이지 않는 것의 차이가
백지장 하나인 것을

아닌 것이 기고
긴 것이 아니고
긴 것이 기고
아닌 것이 아닌 것을

세월이
알려줄까

그 정답을

우리의 꽃

화려하진 않아도
보기 좋고
향기 짙지 않아도
가까이 가고 싶은
우리 꽃

문명이란 미명 아래
우리 집 마당
화단에서도 밀려나고
세월의 뒷켠에서
잡초라고 멍에 씌워진
우리 꽃

뽑아도 뽑아도
되살아나는
끈질긴 집념으로
언젠가는 우리 집 마당에
되돌아오렴

싹이 노랗다

예전엔
천하에 싹수없는 놈이라고
웃어른들이 나무랬던 놈이
지금은
웃어른을 가장 잘 섬기는
싹수 있는 놈이 되었다

될성부른 나무는 떡잎부터 안다고
늘 부르짖던 어른들이
그 놈 덕으로 서울 구경했다

동네 어귀
둥구나무는
어릴 적 쓸모없어
손이 안타서

오늘날
널따란 가슴으로
동네 어르신들의
쉼터를 만들어 주고 있다

새해 아침

가쁜 숨 몰아쉬며
뿌연 안개 속
새해의 용틀임

모든 사람의 소망
가슴에 숨긴 채
부끄러워
얼굴 내밀지 못하고

힐금힐금
보일락 말락
드러내지 못하는
가슴 속내

새해
새 소망을

세찬 바람 사이로
까치소리에 실어
보낸다

폐교 · 2

먼지 속
눈깔 빠진 풍금도
다시 울고 싶고

칠판 밑
구멍 난 지우개도
기지개 켜고 싶다

운동장 한 켠
나무 위에선
산새들이 재잘거리며
아이들을 기다리고

다리 부러진 벤치도
앉을 손님 기다리며
어깨동무하고 있다

교육개혁

늙은 교사
한 명 퇴출
젊은 교사
세 명 일자리

교육의
새 바람에
무거워진 머리

살아온 흔적에
새까매진 가슴

로마는 노인을 무시
멸망의 길을 선택했고

교육은
덕망과 경륜을 무시
쇠락의
골짜기로 치닫는다

제 5 부

그것이 사랑이오

혹시나
당신의
마음까지 춥지 않을까
살포시
내려 덮고 있었소

뿌리

문장대 오르는 길목에
알몸을 드러내고
나무를 지탱해 주는
닳고 닳은 뿌리

오르막 길을
숨차게 오르는
길손들의
버팀목 되고

주인의 몸
털끝 하나 다칠세라
생채기 난 몸으로
버티고 있는
알몸 뿌리

그 뿌리의 눈물이 흘러
계곡이 되고
그 아픔의 흔적들이
길이 되었네

경춘국도

삼십오 년 전
친구들과
달렸던
경춘국도는

강변마다
낭만이 있었고
아름다움도 있었다

그러나

아들 입대를 위해
아들과 함께 달리는
경춘국도는

낭만
아름다움은
구불구불 고개로 넘어가고
두려움과 아쉬운 마음만이
강물 위를 달린다

산비탈 길

울퉁불퉁
마디진
산비탈 길

등산객 가쁜 숨소리에
베 바지 방귀 새듯
흘러내린 세월

세월의
발자국마다
담아 놓은 추억

떨어지는
땀방울에
옹침매진
길

기묘년 새해

토끼의 총명한 머리와
티 없이 맑은 눈과
모든 이야기 다 들어줄
큰 귀를 쫑긋거리며

기묘년
붉은 해가 성주산에 올랐다

올해
내 아들의 대학입시
내 딸의 공부
내 소중한 아내의 건강과
나의 건강까지

용광로같이 타오르는
해오름처럼
내 마음의 기도도
함께 올려다오

사랑 · 1

내 아내는
환장하게 좋아해야
사랑이라고 한다

난
퇴근 후 현관문을 열 때
아내가 집에만 있어도
얼굴에 웃음이 돌고

먼저 퇴근한 날
비긋이 문 열고 들어오는
아내의 얼굴이
예뻐 보이고

일요일
내 옆에 아내가 누워 있으면
마음이 포근하고

멀리 떨어져 있으면
아련히
그리워지는 것이

내 사랑이다

허물벗기

길가의 풀 숲
허물 벗는 번데기

하나의 생명으로
환골탈태하기 위해
뙤약볕 속 몸부림

새 세상 보기 위한
인고의 세월
진통의 아픔 속에
허우적대는 애벌레

우리도
세상사 더러운 껍데기를
벗을 수 없을까

껍데기를 벗어라
껍데기를 벗어라

부처손

향일암
관음전 옆
바위틈에 기대어

두 손 모은
부처 손

여름 날 소나기에
손 벌려
부처님 가피력
한 아름 안고
나투어 주었던
그 손이

겨울 내내
추위에 떨며
물기 없는
손바닥 모우고
오가는 중생 위해
기도하고 있다

그것이 사랑이오 · 1

한밤중
잠결에
한기(寒氣)가 돌 때
내 손은
벌써
차 던져진
당신의 이불 위에 있었소

새벽녘
잠결에
찬 기운이 스밀 때
내 손은
벌써
배꼽 위로 올라간
당신의
잠옷 위에 있었소

혹시나
당신의
마음까지 춥지 않을까
살포시
내려 덮고 있었소

차 사고

눈길 위에서 미끄러진
차 속으로

내 아내의
밍크코트가 날아가고
내 아들의 학원 등록비가
산산조각 났으며
내 딸아이의 수영장 등록비도
흘러갔다

눈길 위에서 미끄러진
차 속으로

내 가족의 꿈과 희망이
한 줌의 물거품 되어
사라져 버렸다

눈길 위에서 미끄러진
차 속으로

아내의 가슴은 불태워졌고
내 아이들의 웃음도
사라져갔다

사랑 · 2

오랜
제자한테 들은
좋아한다는
말 한마디도
나에겐 짐이 된다

옆에 있는
멋진 여자에게
한 번 돌린
눈에서도
난 얼굴이 화끈거린다

내 얼굴을
마주보며 사는
내 아내에게
미안한 마음 때문이다

그것이
내가
당신에게 주는
나의 사랑이다

장승 무덤

젊은 날
목수의 도끼날에
성형하고

시꺼먼
먹물로
화장 하고서

오가는 사람 액땜
가슴에
쓸어안고

바램도
귓속에
담아두며

희로애락 함께 삼켰던
그 모습
그대로

풀숲 무덤에
웃고 있는
넋

폐선 · 3

짜릿한
갯바람으로
목욕하고

비릿한
갯내음으로
식사하며

목쉰
갈매기 울음소리로
노래 부르는

헤진
깃발의
운동회 날

출발선에
서 있는
소아마비 배

사랑 · 3

곁에 있으면
포근하고

둘이 있으면
평화롭고

함께 있으면
편안한 당신

당신의
얼굴만 보아도

당신의
조잘거림 속에도

당신의
손만 잡아도

난
행복하오

그것이
나의 사랑이오

가위눌리다

공부하다
잠이 든 아들 방

제 엄마의 기척에
부스스 일어나며

잠속에서
가위눌려
꼼짝을 못했단다

아들의 그 말에
어미의 마음은
싱숭생숭

잠만 퍼질러 잔
아들에 대한 미움은
사라지고

기가 약한
아들놈의
가위눌린 이야기만
엄마 가슴속을
풀무질한다

용봉산 미륵불

눈 덮인
작은 금강
용봉산 중턱에

내포 들
중생들 구제하고자
잔잔한 미소와
그윽한 눈빛으로
온 종일 서 계신
미륵 부처님

모진 풍파 속에서도
놓치지 않고
꼭 꼭
묻어두었던
자비의 짐을

속세 향해
나누어 주시고자
발길 옮기시려고
비스듬히 서 계시다

민(悶)

마음이
무엇인가

마음이 문 속에 갇혀
오도 가도 못하는데
그래도
그것이 마음인가

세상사
무엇이 그리 대단하다고
번민의 울타리를 벗어나지 못하는가

이러지도 저러지도 못하는
그 마음은 마음이 아닐 것인데

그래도 그것 때문에
울고 웃고
고민하는 것은

마음이
문이기 때문이다

탈

세상사
민얼굴로 내 놓을 수 없는 일이
얼마나 많은가

살다 보면
자기를 위해
피붙이를 위해
이웃을 위해
부족한 모습을 보이기 싫은 때가
얼마나 많은가

밴댕이 좁은 속을
탈 쓰고 줄달음친다고
고래 속처럼 커지진 않으련만

창자 속까지 훤히 보이는
그 마음을
눈 감고 아옹하고 있다

제 6 부

울 림

두드림에
춤추는
북채의 장단

산 것과
죽은 것의
영혼의 만남

우금치의 눈물

우금치
산줄기
동학 농민군의
피 끓는 함성

신식 무기에서
뿜어내는
뜨거운
열기 속으로

피 묻은
죽창의
한 맺힌
절규

가을바람에
낙엽 지는
민중의
혼

예당저수지 아침

버드나무 사이로
물안개 피어오르고

찌의 움직임과
낚시줄의 긴장감

미늘에 한 맺힌
물고기의 몸부림

넓은 호수에
일렁이는 파문

물안개 속
햇살처럼
반짝이는 눈빛

아침이 익어가는
예당저수지

축구장 풍경 · 2

축구장 위를
관중들의 함성소리와 함께
시계가 돌고 있다

이기고 있을 때
관중들의 마음은
전광판 시곗바늘을 재촉하고

지고 있을 때
전광판 시곗바늘은
선수들의 마음을 재촉한다

축구장 위
전광판 시곗바늘이
울고 웃으며

관중들의
마음과 함께
축구장 위를 돌고 있다

울림

현과 활의
몸부림으로
흐르는 가락

심벌즈의
입맞춤으로
뛰어오르는 리듬

두드림에
춤추는
북채의 장단

산 것과
죽은 것의
영혼의 만남

갈대밭

바닷물이
마실 다니며
만들어 놓은

젊은 날
추억의 흔적

게 발자국
고동의 숨바꼭질
망둥이의 지느러미 자국까지

포근히 감싼
갈대숲 솜이불

마디마디
감추어 놓은
한(恨)을 안고

흐느적거리며 부르는
추억의 노래

이판사판(理判事判)

냉기 도는 교무실
원칙과 사회적 규범의 혼돈
교장과 교사의 대립

이치로 판단할까
일로 판단할까

주지승은 사판(事判)
선승은 이판(理判)

선생님
교장 선생님은 사판(事判)으로 생각하신 것이오

교장 선생님
선생님들은 이판(理判)으로 생각하신 것이오

각기 다른
경영자의 눈과
젊음의 눈

갠지스 강의 비움

성자의 강
갠지스 강

자기 몸과
마음을 장사지내는
강

세상에 가지고 있는
짐이 되는 모든 것은
털끝 하나까지
다 버리고

앙상한 피죽 한 방울 먹지 못한
환자처럼 흐느적거리는
성자들의 기도 소리가
갠지스 강물에
여울되어
노래부른다

버리자
비우자

몸과 마음의 때를

이끼가 세월이다

역사가 있는
바위엔
이끼가 있다

오래된
나무엔
이끼가 살고 있다

쉬지 않고 흘렀던
냇가에도
파란 이끼가 숨 쉬고 있다

절집
기왓장에도
이끼는 숨어 있다

이끼는
세월의 흔적이다

폐선 · 2

천수만 갯가에
우두커니 서 있는
폐선

방조제는
어디서 굴러왔는지

뱃길도 끊기고
인적도 드문 곳에
홀로 선 폐선

그래도
꿈은 꾸고 있나 보다

아직도
빛바래 펄럭이는 깃발이 있고

통통통
연기 품던 굴뚝이 있어

그 옛날
아련한 추억을
자맥질 하고 있다

갈대와 억새

갈대와 억새를
구분 못하는
숙맥들이

갈대를 억새라고
억새를 갈대라고
우기면서

찌럭소
목줄기마냥
곧게 세운
머리에

하얀 세월의
흔적을 덮고

꾸벅꾸벅
겨울 향해
졸고 있다

눈 쌓인 길

눈 쌓인
언덕 길
버스가 비틀비틀

버스 속
할머니 머리 속엔
손자 얼굴
왔다갔다

아저씨 마음속에는
아내 얼굴
아른아른

총각들의 얼굴 위에도
붉으락푸르락
님 얼굴이 왔다 갔다

눈 쌓인 길
머리 속
번민의 좁은 길로
버스가 달린다

찢어진 포스터

애인 구함
사구팔구

있어야 할 곳에 붙어 있지 못하고
땅에 떨어져
밟히고 채인 포스터

오랜 목마름에
허름해진
벽 틈 사이로

제 얼굴 감추지 못하고
빠끔히 눈 내미는
찢겨진 포스터

오가는 이
눈 맞추며
사랑해 주길
기원하는

바람에
손짓하는
찢어진 포스터

인디언 플루트

이름 없이
살아온
평생

구슬픈 소리만
목구멍에 매달고

구멍구멍
새어나오는
진한 삶의 향기를

뭍사람
가슴에

눈물로
쏟아낸다

민들레 예찬

봄이면
어김없이
길가에 피는
노랑 민들레

길손들의
발에 채이고
짐수레의 바퀴에
짓밟혀도

끈질긴
생명력으로
다시 일어서는

병아리 솜털처럼
포근한
희망의 전령사

천사의 나팔

투명한
비닐집 속
천사의 나팔꽃

장애우(障碍友)의
한을 안고
땅을 향해
소리친다

장애의 고통을
너희들은 아는가

장애의
아픔과 편견이
사라지는
먼 훗날

하늘 향해 부는
천사의 나팔 소릴
들려주렴

출가(出家)와 가출(家出)

출가와 가출은
똑같이 집을 나서는 것인데

저만 위해
자기 이익을 위해
제 향락을 위해
떠나는 집은 가출이고

남을 위해
어려움을 참고 견디기 위해
많은 중생의 고뇌를 짊어지기 위해
떠나는 집은 출가란다

가출이여
출가를 보라
그리고 가출에 앞서
출가의 고행을 생각하여라

희망의 해

새해
붉게 떠 오른 첫해
이 세상 모든 사람에게
나누어 줄
희망의 꾸러미를
한 짐 지고
힘차게 솟아올랐다

해야
희망의 해야
당신의
그 꾸러미 속
깊은 곳에
나의 기도도 넣어 다오

그리고
높게 높게
치솟게 해다오
너의 뜨거운 가슴속
내 기도도 활활 타도록

클라리넷

구멍구멍
옥구슬 구르는 소리

마디마디
금구슬 흐르는 소리

옥구슬 구를 때마다
천상의 소리가
가슴을 울리고

금구슬 흐를 때마다
심장의 고동소리가
하늘을 난다

인심(人心)이 매달린 고추밭

갖다 잡슈
많지도 않은 것 주면 어떡해유
엊그제 순이네도 조금 줬슈

등산길 옆
산비탈
삿갓배미만 한 고추밭에

고추가 인심만큼
주렁주렁
매달려 있다

거세게
휘몰아쳤던
장맛비도

산비탈
그 고추밭은
비켜 갔다

■ 마무리하면서

마침표 없는 나의 시

'부족함이 넘침보다는 낫다.'는
아버님이 어릴 적 저에게 준 말씀을
찰떡같이 믿어온 것이 천만다행이었습니다.

개똥참외 같은
볼품없는 내 가슴의 노래를
부끄럼 없이 내 놓게 된 것은
아버지께서 늘 일깨워 주신
그 말씀 덕분입니다.

마침표 없는 나의 시

더욱 더
시심(詩心) 밭을 깊게 갈고 정진할 수 있도록
쉼표와 느낌표를 넣어 주시고
마침표도 찍어주시기 바랍니다.
감사합니다.

2011년 5월에

봉황산 기슭에서

장 형 주

저자와의
협약으로
인지생략

장형주 시집

울 림

초판 발행 2011 년 6 월 20 일

지은이 | 장 형 주

펴낸이 | 윤 해 규

주 간 | 김 효 열

펴낸곳 | **을지출판공사**

등록번호 | 제 2-741 호
등록일자 | 1985 년 2 월 14 일
주 소 | 서울시 마포구 서교동 394-81 홍익B/D 3층
우편번호 | 121-840
전 화 | 02) 334-4050 · 4090
팩시밀리 | 02) 334-4010
E-mail : ejp4050@hanmail.net

값 8,000원

* 잘못된 책은 바꿔 드립니다.

ISBN 978-89-7566-121-1 03810